Stanko Radmilovic

**"Sistemska" lutanja u Srbiji traju previše dugo –
koštaju mnogo i još će više.**

GRIN Verlag

Bibliografische Information der Deutschen Nationalbibliothek:

Die Deutsche Bibliothek verzeichnet diese Publikation in der Deutschen National-
bibliografie; detaillierte bibliografische Daten sind im Internet über http://dnb.d-
nb.de/ abrufbar.

Dieses Werk sowie alle darin enthaltenen einzelnen Beiträge und Abbildungen
sind urheberrechtlich geschützt. Jede Verwertung, die nicht ausdrücklich vom
Urheberrechtsschutz zugelassen ist, bedarf der vorherigen Zustimmung des Verla-
ges. Das gilt insbesondere für Vervielfältigungen, Bearbeitungen, Übersetzungen,
Mikroverfilmungen, Auswertungen durch Datenbanken und für die Einspeicherung
und Verarbeitung in elektronische Systeme. Alle Rechte, auch die des auszugsweisen
Nachdrucks, der fotomechanischen Wiedergabe (einschließlich Mikrokopie) sowie
der Auswertung durch Datenbanken oder ähnliche Einrichtungen, vorbehalten.

Imprint:

Copyright © 2014 GRIN Verlag GmbH
Druck und Bindung: Books on Demand GmbH, Norderstedt Germany
ISBN: 978-3-656-60847-9

This book at GRIN:

http://www.grin.com/en/e-book/269642/sistemska-lutanja-u-srbiji-traju-previse-
dugo-kostaju-mnogo-i-jos-ce

GRIN - Your knowledge has value

Der GRIN Verlag publiziert seit 1998 wissenschaftliche Arbeiten von Studenten, Hochschullehrern und anderen Akademikern als eBook und gedrucktes Buch. Die Verlagswebsite www.grin.com ist die ideale Plattform zur Veröffentlichung von Hausarbeiten, Abschlussarbeiten, wissenschaftlichen Aufsätzen, Dissertationen und Fachbüchern.

Visit us on the internet:

http://www.grin.com/

http://www.facebook.com/grincom

http://www.twitter.com/grin_com

"Sistemska" lutanja u Srbiji traju previše dugo – i koštaju i koštaće mnogo

Skupno nas koštaju, i tek će koštati, dve kobne zablude: prvo, zabluda o tome kakav tržišni sistem treba i možemo da uspostavimo, a druga, na koji način se to najbezbolnije može ostvariti u konkretnoj situaciji.

Višedecenijska tumaranja pre sadašnjih zabluda

Istina, i pre davno zaboravljene Privredne reforme iz 1975. postojalo je dosta jako, ali i dosta neprecizno, ubeđenje kod velikog broja ekonomista da je tržišna solucija najefikasniji, čak jedino efikasan ekonomski aranžman (sistem) koji može da obezbeđuje ekonomsku efikasnost i društveno blagostanje. I zbog ostvarivanja toga cilja, a ne zbog perfidne kupovine vremene kao što mnogi tvrde, na ostvarivanju tržišnosti radile su mnogi ekonomski saveti, stabilizacione i druge komisije, radne grupe ... praveći brojne reformske strategije, dugoročne i kratkoročne programe i koncepte stabilizacije, razvijane razne teorijske paradigme u kojima se, navodno, ispoljavaju ekonomske zakonitosti u samoupravnom socijalističkom društvu. **Sve od reda uzalud, jer su barem dve premise bile pogrešne:**

1) da se tržišni privredni sistem može ostvariti kao socijalistički, nekapitalistički. Neostvarljivost/pogrešnost ove premise gotovo da se nije smela ni pomenuti sve do prvih godina ovog veka. Pa čak ni tada nije jasno i oficijelno rečeno: mi morao sprovesti tranziciju iz netržišnog u tržišni, kapitalistički sistem, takvog i takvog tipa;

2) druga zabluda odnosila se na način kako takav sistem možemo najbezbolnije i najefikasnije ostvariti u konkretnim uslovima.

Kad je reč o prvoj zabludi, od ideologizovane, socijalističko-marksističkom paradigmom indoktrinirane vlasti, tako nešto se nije moglo očekivati. Zato je razumljivo što su progresivniji jugoslovenski ekonomisti zagovarali formulu, koja je i bez svesne namere, danas se to jesno vidi, **imala mnoge karakteristike neoliberalizma!! i pre nego što je on na velika vrata ušao na svetsku scenu.** Da to, možda, i nije bila svesna namera vidi se po tome što je ona, ne samo da bi lakše "prošla", bila zaogrtana u marksističko ruho. Oni koji duže pamte, znaju da je napadno forsirana floskula (u koju su i ubeđeni tržišnjaci, tzv. profitaši, iskreno verovali): da bismo ostvarili tržišnost **moramo osloboditi** (od tutorstva partije i države) **delovanje ekonomskih zakonitisti; naravno u marksističkom smislu. I imaćemo tržišnu privredu.** A šta je to bilo drugo bilo nego specifični neoliberalizam jer se u suštini svodi na tvrdnju: perfektni tržišni sistem postoji samo treba osloboditi u njemu sadržane ali ideologijom prigušene, zakočene, ekonomske zakonitosti. O tome kako one deluju iako su prigušene i kako bi delovale kad bi se oslobodile, "otkočile" - postojalo je sijaset teorija.

Kasnije u osamdesetim (pa i devedesetim) godinama na mala vrata ušao je i veliki deo tržišne terminologije i kategorijalne aparature, u čijoj su slobodnoj upotrebi pa i u zakonskim tekstovima spas videli gotovo svi ekonomisti. Kao da uspostavljanje tržišnosti zavisi od toga da li će OUR-i biti preimenovani u preduzeća; poslovnodni organi u direktore; fondovi preduzeća u kapital preduzeća; ostatak dohotka u profit (inače uvek tanušan, nulti ili negativan); izvršna veća u vlade, sekretarijati u ministarstva ...

I tako je to tumaranje trajalo godinama, čak decenijama: nakon neuspeha jednog programa, brzo se pravio drugi, u nadi da će "ovaj put biti pronađeno ono pravo". A to pravo nikako da se nađe i nije se ni moglo naći na gore pomenutim pogrešnim premisama.

Samo formalna "prekretnica" nakon 2000. godine

Nakon 2000 godine zaista je došlo do bitnih promena. Ali u čemu su se one suštinski sastojale? U ekonomskom pogledu, suština je bila u tome da je **već vladajućem (danas se već vidi:pogubnom) neoliberalizmu i u Srbiji dato je zeleno svetlo da se ispolji kao** *market fundamentalism,* tačnije rečeno *kao tranzicioni market fundamentalizam. I u su sadržane dve, samo donekle izmenjene, teška zablude.*

Istina, eksplicitnije nego bilo kada ranije, tržište odnosno tržišna privreda je naglašeno tretirana kao efikasniji aranžman ekonomske aktivnosti od bilo koje netržišne varijante; a samim tim je eksplicitno istaknuta neizbežnost tranzicija iz netržišne (ili *quasi* tržišne) u tržišnu privredu. **Cilj je, dakle, eksplicitno postavljen, odmah ćemo videti, dvostruko neprecizan i lakonski.**

Ako se ne precizira šta se podrazumeva pod tržišnom privredom, prethodna rečeno je lakonsko ciljno određenje, ne govori mnogo, ostavlja prostor za različita proizvoljna poimanja. Najopštije se može reći da pod tržišnom privredom podrazumevamo neki aranžman ostvarivanja ekonomske aktivnosti. **Kažemo neki, jer on nije jednoznačno određene već ispoljava kao dosta široka skala, koja se proteže od visokog stepena liberalizma,** *laissez fairea,* **prirodnog (samo)toka (samoregulisanja) ekonomske aktivnosti, sve do, na drugom kraju skale, visokog stepena intervencionizma, regulisanja, korigovanja samotokova.** Uspostavljanje optimalnog odnosa između samotokova i intervencionizma, regulisanja/korigovanja pomenutih samotokova, samo po sebi je ozbiljan spoznajni i operativni problem.

Ako se to na optimalan način taj problem reši (precizira), **to samo znači da imamo nešto što je nužan, ali ne i dovoljan uslov.** Imamo cilj, ciljnu situaciju u kojoju želimo stići. **Ali, pored toga postoji, pokazalo se, mnogo veći i teži zadatak tranzicionih zemalja: kako stići do tog cilja,** ili bolje rečeno, kako iz nasleđene netržišne situacije (koja u nasleđe ostavlja i svoje recidive) ostvariti taj ciljni aranžman zvani tržišna privreda. **Najveći problemi tranzicije su upravo ti recidivi netržišnog sistema, kojih se nije tako lako osloboditi i uspostaviti optimalni tržišni ambijent.**

Tranzicionim tržišnim neoliberalizmom se mogu označiti ona shvatanja po kojima su za tranziciju u tržišni sistem bile nužne i dovoljne nekolike ključne promene koje će zatim predstavljati endogene (u samom sistemu sadržane) dovoljno snažne *drivig forces* **da spontano, samotokovima, sve ostalo "dovedu na svoje mesto" A to nije ništa drugo nego tranzicioni tržišni fundamentalizam. Zašto? Zato što uključuje i shavatanje da će se brzo samoeliminisati (nestati) i svi recidivi netržišnog sistema, odnosno da će brzo biti samouspostavljen optimalan tržišni ambijent na makroekonomskoj ravni i da će na mikorkoenomskoj ravni ekonomski entiteti spontano poprimiti sve karakteristike koje podrazumeva perfektna konkurencija .**

Ali pokazalo se još u prošloj dekadi i ne samo u Srbiji, da za uspešan prelaz iz netržišne ekonomije nije bilo dovoljno da se makar i najboljom šok terapijom naglo promeni/uspostavi nekoliko, istina važnih, repernih tačaka: makrostabilizacija (monetarnom restrikcijom i fiskalnom štednom), privatizacija internim akcionarstvom/vaučerizacijom, prodajnom ili likvidacijom dotada nesupešnih preduzeća, uz očekivanje da će tzv. *greenfield FDI* nagrnuti i u jš nestvoreni tržišni ambijent – to je, inače, i danas najveća zabluda - i apsorbovati stvorenu nezaposlenost...

Jasno se pokazalo i pokazuje koliko je velika ova i ova druga zabluda: neeuporedivo više je trebalo, odnosno treba, uraditi da bi se **uspostavio tržišni ambijent,** sposoban da generiše ekonomsku prinudu na **održavanje likvidnosti** (platežne sposobnosti), razume se i države i celokupnog javnog sektora; ostvarivanje uslova **i za finansiranje investicija iz domaćih izvora i za spoljnu dokapitalizaciju** u raznim oblicima, a ne samo prihoda od prodaje privatizacije i sada uglavnom samo) gomilanjem spoljnjeg zaduženja; **sprečavanje grabeži, pljačke i raznih drugih neregularnih oblika devastiranja postojećih kakvih-takvih entiteta; onemogućavanje brojnih mahinacija i neregularnosti, uključujući i poresku evaziju, stranačku kadrovsku subordinaciju i reketiranje preduzeća** (naročito iz javnog sektora), onemogućavanje pravosudne i svake druge **nefikasnosti u ostvarivanju zakonitosti, eliminaciju hipertrofirane korupcije..., elimininaciju rent-seeking prakse** u raznim vidovima ... **poboljšanja radnog mentaliteta i podizanje efikasnosti i poduktivnosti**... Suviše je dugačak niz onoga što je trebalo uraditi i što ćemo morati (prvenstveno mi sami) uraditi, da bismo krenuli u integraciona i bilo koja druga povezivanja, da bismo mogli izdržati liberalizaciju i konkurenciju... **Razne donacije, korišćenje pretpristupnih ili ne znam kakvih fondova, mogu biti samo izvesna podrška, ali glavnina posla je na nama.** A ne vidi se da ozbiljnije "radimo na sebi", ni približno onoliko koliko situacija zahteva.